D1148717

Dans la même collection

PIERRE BOUCHER, grand serviteur de la Nouvelle-France

PIERRE LE MOYNE D'IBERVILLE, le chevalier des mers

ROBERT CAVELIER DE LA SALLE, le prince des explorateurs

MADELEINE DE VERCHÈRES, l'intrépide «Magdelon»

JEANNE MANCE, l'héroïque infirmière

LOUIS JOLLIET, découvreur du Mississippi

CHARLES LE MOYNE, premier seigneur de Longueuil

GUY DE LA VIOLETTE, fondateur de Trois-Rivières

SAMUEL DE CHAMPLAIN, père de la Nouvelle-France

LEGARDEUR DE REPENTIGNY, une famille modèle de la Nouvelle-France

PIERRE-ESPRIT RADISSON

le coureur des bois

Données de catalogage avant publication (Canada)

Lévesque, Denis, 1947-

Pierre-Esprit Radisson, le coureur des bois

ISBN 2-7640-0104-5

1. Radisson, Pierre-Esprit, 1636-1710 - Ouvrages pour la jeunesse. 2. Canada - Histoire - Jusqu'à 1763 (Nouvelle-France) - Ouvrages pour la jeunesse. 3. Coureurs de bois - Canada - Biographies - Ouvrages pour la jeunesse. 4. Explorateurs - Canada - Biographies - Ouvrages pour la jeunesse. I. Titre.

FC3211.1.R33L48 1996 j971.01'6'092 C96-940520-0
F1060.7.L48 1996

LES ÉDITIONS QUEBECOR
7, chemin Bates
Outremont (Québec)
H2V 1A6
Téléphone: (514) 270-1746

Copyright © 1996, Les Éditions Quebecor
Dépôt légal, 2e trimestre 1996

Bibliothèque nationale du Québec
Bibliothèque nationale du Canada
ISBN: 2-7640-0104-5

Éditeur: Jacques Simard
Coordonnatrice à la production: Dianne Rioux
Conception de la page couverture: Bernard Langlois
Illustration de la page couverture: Caroline Merola
Révision: Sylvie Massariol
Correction d'épreuves: Francine St-Jean
Infographie: Composition Monika, Québec
Impression: Imprimerie L'Éclaireur

Tous droits réservés. Aucune partie de ce livre ne peut être reproduite ou transmise sous aucune forme ou par quelque moyen électronique ou mécanique que ce soit, par photocopie, enregistrement ou par quelque forme d'entreposage d'information ou système de recouvrement, sans la permission écrite de l'éditeur.

PIERRE-ESPRIT RADISSON

le coureur des bois

Montroal Children's Library
Bibliothèque des jeunes
1200 Atwater
Montréal, Québec H3Z 1X4
Tél: 931-2304

Denis Lévesque

Table des matières

Note de l'auteur

À l'exception de la rencontre de Radisson et du jeune Richard qui est purement imaginaire, tous les faits rapportés dans ce récit sont conformes à la réalité historique et peuvent être corroborés par diverses sources. Vous trouverez une bibliographie à la fin de ce livre.

Chapitre 1

La rencontre

Londres. Automne 1709. Un vieillard arpentait les quais de la Tamise en direction ouest vers le London Bridge, le seul pont qui permettait de traverser la petite rivière qui coupe en deux la capitale. Certains jours, dans ses randonnées quotidiennes, il choisissait de franchir d'un pas lent les portes fortifiées qui en bloquaient l'entrée, il s'arrêtait à la chapelle dédiée à saint Thomas Beckett construite au beau milieu du pont, puis il poursuivait sa route en direction du Monument, une haute colonne commémorant le Grand Incendie de 1666. De là, il avait le choix entre tourner à gauche pour se rendre à la cathédrale Saint-Paul, ou à droite pour aller flâner près de la Tour de Londres.

Ce matin-là, une pluie fine et particulièrement froide transperçait son manteau usé jusqu'à la corde, de sorte que le vieil homme choisit plutôt d'arrêter là sa marche et d'entrer dans l'un des innombrables pubs qui accueillent les Anglais en bordure de la rivière. À son grand étonnement, l'endroit était presque vide. Seuls quelques marins y étaient attablés en silence devant leur chope de bière.

L'homme s'installa à une table libre près des fenêtres donnant sur les quais, fixant les petites barques dans le port. Sans même qu'il ne l'eût demandé, un serveur vint déposer sur la table un bock de bière brune et s'en retourna comme si de rien n'était. Plutôt taciturne, le vieillard y trempa les lèvres et le redéposa devant lui. Il sortit de sa poche une vieille pipe et une blague à tabac, et s'alluma une bonne pipée qu'il savoura patiemment.

À la table en face de lui, un jeune homme l'observait et s'interrogeait sur la vie qu'avait dû connaître cet homme au visage ravagé par la douleur. Il ne put s'empêcher de remarquer ses doigts déformés par l'âge et, sans doute, un travail pénible tout au long de cette vie.

Malgré sa réserve toute britannique, il n'hésita pas à se lever et à s'approcher de l'homme en lui tendant la main.

– Bonjour monsieur, je m'appelle Richard. Ce n'est vraiment pas un temps à mettre un chien dehors !

Surpris, le vieillard leva les yeux vers son interlocuteur et, acceptant la poignée de main, répliqua sans surprise.

– Oh ! vous savez, j'en ai vu bien d'autres.

– C'est ce que j'ai pu comprendre en voyant vos mains.

– Mes mains ! dit-il en y posant un regard rapide. Une mésaventure de jeunesse. Mais c'est bien loin tout cela.

– Un accident de travail sans doute ? lança le jeune garçon curieux d'en savoir plus.

– Disons plutôt un mauvais souvenir que m'ont laissé les Sauvages[1] du Canada alors que je n'avais pas encore votre âge.

Reprenant son verre, il fit signe à Richard de s'asseoir s'il le voulait bien. Il avait tout son temps et aimait bien, quand une telle occasion se présentait, échanger avec des inconnus qui croisaient son chemin. En cela, il n'était pas du tout

---

1. Étymologiquement, le terme *sauvage* signifie « qui ne peut être domestiqué ». À l'époque, on employait ce mot pour désigner les Autochtones d'Amérique.

Anglais. Richard ne se fit pas prier et poussa plus loin les présentations.

– J'espère que je ne vous importune pas. Je suis étudiant en histoire et, même si ce n'est pas très poli de le faire, j'aime bien interroger les gens sur ce qu'ils ont vécu. J'ai vu tout de suite dans votre regard que vous pourriez m'en apprendre beaucoup sur le monde et sur la vie. Vous avez connu les Sauvages du Canada ?

– Si je les ai connus ? répondit l'homme à voix basse et sans lever la tête. Les Hurons, les Sioux, les Cris, les Algonquins. J'ai vécu plus de trente-cinq ans en leur compagnie. Sans compter les Iroquois, ajouta-t-il en tournant et en retournant ses mains sous le nez du jeune homme. Je pourrais vous en parler pendant des heures. Mais cela finirait par vous ennuyer.

– N'en croyez rien, monsieur. Tout le monde a entendu parler du Canada, mais rarement par quelqu'un qui y a vécu. Mais votre accent me laisse croire que vous n'êtes pas Anglais même si vous parlez très bien notre langue. Ne seriez-vous pas Français par hasard ?

– Vous êtes très perspicace, jeune homme. En effet, je suis Français mais je vis à Londres depuis maintenant vingt ans. Et certains jours, je me demande si la vie n'était pas plus agréable dans le Nouveau Monde, même chez les Iroquois, finit-il par dire avec un soupçon d'amertune dans la voix.

Richard était étonné de la réplique de son vis-à-vis. Comment pouvait-on préférer vivre dans les colonies plutôt que dans une grande ville moderne comme Londres? Tendant de nouveau la main en travers de la table, Richard réitéra les présentations.

– Hearne. Richard Hearne, de Chichester, mais je vis à Londres depuis cinq ans. Mon père travaille dans la Cité.

Lentement, très lentement et avec un certain sarcasme dans la voix, le vieil homme tendit la main à son tour.

– Pas pour la Hudson's Bay Company[2], j'espère?

Et sans attendre la réponse, il ajouta:

– Radisson. Pierre-Esprit Radisson.

---

2. En français, Compagnie de la baie d'Hudson, aujourd'hui propriétaire des grands magasins la Baie.

Chapitre 2

Torturé par les Iroquois

Soulagé que le vieil homme eut enfin consenti à se présenter, Richard trouva une astuce pour faire parler davantage ce monsieur Radisson.

– Je dois faire un travail pour l'université portant sur une expérience de vie. Je crois que si je pouvais raconter votre histoire, j'aurais toutes les chances de mériter la première place. Ce n'est pas tous les jours que l'on peut rencontrer quelqu'un comme vous. Pourrais-je compter sur votre collaboration ?

Radisson sourit. Après avoir négocié tant d'années avec les Autochtones, ce n'était pas un jeune freluquet comme ce Richard qui allait lui faire croire une chose pareille. Il accepta tout de même de jouer le jeu.

– Que voudriez-vous savoir? Il y aurait tellement de choses à raconter.

– Commençons par le commencement. Parlez-moi de vos origines.

– Vous allez voir que ça commence mal. J'en sais bien peu de choses. La mémoire, vous savez? Et, de plus, j'ai quitté mon Beaujolais natal alors que j'étais encore bien jeune. Enfin! Les Radisson ont été notaires à Tarare depuis le XIIIe siècle. Mon père s'appelait Pierre-Esprit, comme moi, et ma mère Madeleine Hénaut. Pour elle, il s'agissait d'un second mariage puisqu'elle avait été mariée à un certain Sébastien Hayet avec lequel elle avait eu une fille, Madeleine. Je suis né en 1636.

À l'âge de quinze ans je suis allé retrouver cette demi-sœur en Nouvelle-France. Elle avait épousé un certain Jean Véron de Grandmesnil à Québec, en 1646, mais il fut tué par les Iroquois quelques années plus tard au cours d'une attaque aux abords des habitations. En 1653, elle se remaria avec Médard Chouart des Groseilliers qui allait devenir mon inséparable compagnon de voyage. Mais ne précipitons pas les choses.

Quand je suis arrivé au Canada, en 1651, la fougue de ma jeunesse me fit faire des imprudences que j'ai regrettées par la suite. Je m'étais installé chez Madeleine qui vivait, à ce moment-là, à Trois-Rivières, un petit bourg qui ne comptait pas plus de 200 âmes. Il n'était pas question de trop s'éloigner de la maison si on ne voulait pas être surpris par les Sauvages qui rôdaient régulièrement dans le coin. Mais l'appel de la forêt avait ses attraits. Je partis donc chasser, un beau matin, avec deux compagnons de mon âge sans trop me préoccuper de ce qui pourrait nous arriver. Je poussai même l'audace jusqu'à devancer mes amis dans les bois. La chasse était bonne, le gibier abondait. Il fallut pourtant revenir.

Hélas! je ne revis pas mes amis vivants. Ils venaient d'être attaqués par les Iroquois, horriblement massacrés, scalpés et dénudés. Je n'eus pas le temps de réagir que déjà les Sauvages m'attaquaient à mon tour et me faisaient prisonnier. Il faut croire que ma dernière heure n'était pas encore venue puisqu'ils décidèrent de ne pas me scalper mais plutôt de m'amener avec eux dans leur village sur les bords du lac Champlain, un voyage de plusieurs jours. Il était bien inutile de résister. Je leur offris donc toute ma collaboration. Au village, je fus adopté par la famille d'un brave qui possédait déjà 19 scalps de Français à son actif!

Petit à petit, j'appris leur langue, leurs coutumes et je fus initié aux techniques de chasse de mes nouveaux compatriotes. J'ai même dû collaborer avec eux quand venait le temps d'attaquer d'autres tribus. On me coupa les cheveux à la mode iroquoise pour me signifier que je devais devenir, bon gré mal gré, un nouveau membre de la tribu. On me couvrit la tête de la traditionnelle coiffure de plumes d'aigles et on me manifesta une considération assez étonnante, je dois bien le dire.

– Et vous n'étiez pas tenté de vous évader pour rentrer chez vous ?

– Bien sûr. Je n'oubliais pas ma demi-sœur Madeleine et tous les amis que j'avais laissés à Trois-Rivières. Je guettais constamment l'occasion de m'évader. Un beau matin, je fus invité à une excursion de chasse avec trois Sauvages, assez loin du village. Revenant le soir au campement d'occasion, je fis la connaissance d'un Algonquin, lui aussi prisonnier des Iroquois. Il nous suffit de quelques mots échangés à voix basse pour conclure, d'un commun accord, que l'occasion de s'enfuir était propice. Il s'agissait tout simplement de supprimer les trois Iroquois durant leur sommeil et de nous enfuir à travers bois. Je comptais sur mon associé pour me ramener à Trois-Rivières. Ce qui fut dit fut fait et, durant quatorze jours, comme des fuyards, nous avons voyagé de nuit pour ne pas être repris. Mais voilà que, presque rendus à destination, d'autres Iroquois de la tribu parvinrent à nous rattraper.

– Ils ne devaient pas être de très bonne humeur mais, à ce que je peux constater, vous avez eu la vie sauve une fois encore.

– Oui, mais l'Algonquin n'a pas eu la même chance. Il fut tué et littéralement déchiqueté sans cérémonie. Quant à moi, je fus dénudé et attaché et je dus me payer une autre pénible randonnée vers le village indien. Rendu à destination, je me suis retrouvé au poteau de torture du village. On me brûla la plante des pieds au fer chaud et on m'arracha les ongles un à un. Comme si ce n'était pas assez, on me plongea les doigts dans des chaudrons contenant des charbons ardents. Les enfants s'amusaient à me mâcher le bout des doigts lorsque je fus secouru par une mère de clan qui m'avait adopté lors de mon premier séjour au village. C'est ainsi que j'ai été sauvé, soigné, pansé par cette gentille protectrice, mais elle m'avertit aussi qu'une autre incartade du genre et c'en était fini de moi. Elle me donna même un nom indien, Oninga, en souvenir de son fils disparu.

– Vous vous êtes donc plié à leurs exigences?

– Oui, du moins durant deux années. Un jour que je participais à une expédition jusqu'au fort Orange, tenu par des Hollandais, le gouverneur des lieux offrit aux Iroquois de payer une rançon pour que je demeure avec eux mais j'eus la sottise de refuser. Je l'ai regretté amèrement et, quelque temps plus tard, je me suis enfui du village et j'ai réussi à atteindre le fort Orange sans être inquiété. De là, on m'envoya en Hollande et je revins en Nouvelle-France au cours de l'année 1654. Inutile de vous dire que ma sœur était contente de me revoir. Elle croyait bien que j'étais mort puisqu'elle était sans nouvelles de moi depuis deux ans.

* * *

Radisson s'arrêta net, prit une gorgée de bière et ralluma sa pipe qu'il avait abandonnée sur la table devant lui. Richard, ébranlé par le récit qu'il venait d'entendre, finit son verre de bière d'un trait et en commanda deux autres au serveur qui passait près de leur table.

– Vous avez dû vous assagir après cette douloureuse expérience?

– Vous croyez vraiment? Pas du tout. J'avais appris à connaître les bois et, surtout, les mœurs des Sauvages et je me sentais prêt à tenter de nouvelles aventures. Il faut vous dire qu'entre-temps, la paix avait été signée entre les Français et les Iroquois et qu'il était donc plus sûr maintenant de voyager à l'intérieur du continent.

– Qu'y avait-il donc tant à faire au cours de ces voyages?

– Tout, mon cher Richard, tout. Faire de la chasse, négocier les peaux de castor avec les Sauvages, découvrir des contrées inconnues et rechercher la route qui pourrait nous mener jusqu'en Chine. Et, surtout, avec les bons pères jésuites, aller évangéliser les tribus indiennes. Deux ans après être revenu en Nouvelle-France, j'ai accompagné le père Paul Ragueneau jusqu'à Sainte-Marie de Gannentaa en pays iroquois. Mais, malgré la paix, nous n'étions pas nécessairement les bienvenus. Puisque je connaissais leur langue, je le compris rapidement. J'ai donc conseillé aux Français qui s'y trouvaient de quitter les lieux le plus vite possible. Mais il fallait être plus rusé qu'eux. On a donc organisé un grand festin auquel furent conviés les Iroquois et quand ils furent repus, l'alcool aidant, il nous fut possible de nous éclipser sans être incommodés.

* * *

Radisson arrêta de nouveau son récit. Il jetta un coup d'œil par la fenêtre et remarqua que la pluie semblait avoir cessé. Il finit sa bière, remit sa pipe au fond de sa poche et se leva.

– Monsieur Radisson, vous n'allez pas vous arrêter là? Votre récit est passionnant et, excusez mon impertinence, mais je ne vous laisserai pas partir sans en savoir davantage.

– Ce sera tout pour aujourd'hui, si vous le voulez bien. Je commence à être fatigué et j'ai un bon bout de chemin à faire pour rentrer chez moi. Ma femme doit commencer à s'inquiéter.

– Et si je vous accompagnais, pourriez-vous poursuivre votre histoire?

– Comme vous voulez. Vous êtes sûr que je ne vous ennuie pas? Vous savez, pour moi, ces choses sont tellement lointaines qu'elles représentent fort peu d'intérêt.

– Je me sentirais frustré si vous deviez vous arrêter là. Je vous raccompagne.

Richard se leva à son tour, déposa quelques pièces de monnaie sur la table pour payer les consommations et suivit Radisson au dehors. Il ne pleuvait plus, mais le ciel restait couvert et un vent frais les força à attacher leur manteau pour ne pas prendre froid. Ils longèrent les quais en silence pendant un bon moment, en se contentant de jeter un coup d'œil aux marins travaillant sur les bateaux qui faisaient la navette d'une rive à l'autre.

La vie de coureur des bois

– Ces bateaux doivent vous rappeler d'excellents souvenirs, osa commenter Richard pour briser le silence. On m'a dit que c'est le seul moyen de voyager au Canada.

Radisson ne put s'empêcher d'éclater de rire. Le trajet d'une centaine de mètres qu'ils avaient à parcourir d'une rive à l'autre n'avait rien à voir avec les distances infinies qu'il avait connues en Nouvelle-France.

– Ces barques ne feraient pas long feu sur le fleuve Saint-Laurent. Et elles seraient difficiles à transporter pour passer les rapides. Non vraiment, ce serait tout à fait ridicule!

– Comment voyagiez-vous alors?

– En canots d'écorce. D'excellentes embarcations appartenant le plus souvent aux Sauvages, mais que les colons ont appris à fabriquer dès les premiers temps de la colonie. Ils sont légers, assez stables si on sait bien les utiliser et ils peuvent transporter de grandes quantités de marchandises.

– Parlez-moi encore de vos aventures. Qu'avez-vous fait après ce voyage avec les jésuites?

– J'ai fait sans doute le plus beau voyage de ma vie. De Trois-Rivières jusqu'au lac Supérieur, à plus de 1000 kilomètres vers l'ouest. Nous avons été partis pendant une année entière.

– Vous dites «nous». Vous étiez avec des Sauvages?

– Oui, il y en avait bien quelques-uns. Mais quand je dis «nous», je veux surtout parler de mon beau-frère, le nouveau mari de Madeleine, Médard Chouart qui se donnait aussi le titre de sieur Des Groseilliers en souvenir de la ferme familiale en face de Charly-sur-Marne, en France, d'où il était originaire.

– Il vivait en Nouvelle-France depuis longtemps? interrogea Richard.

– Il y était depuis 1646 environ et lui aussi avait accompagné des jésuites dans leur mission du lac Huron. C'était un homme instruit, un chef-né qui détestait l'injustice. Plus tard, il s'est enrichi en faisant le commerce des fourrures avec les Sauvages dans la région du lac Huron, mais également plus au sud vers le lac Érié et vers l'ouest jusqu'au lac Michigan. Quand il est revenu de l'une de ses aventures, en 1656, il guidait une flottille de 50 canots montés par 250 Sauvages qui transportaient pour plus de 100 000 écus de pelleteries. Une manne en or pour la Nouvelle-France. C'est au cours de ces voyages qu'il a entendu parler d'une grande mer intérieure située plus au nord, la baie d'Hudson. Il rêvait d'y parvenir.

Pour en savoir davantage, nous sommes donc partis ensemble au mois d'août 1659 et nous avons navigué vers l'ouest. Il a fallu partir en cachette parce que le gouverneur Pierre de Voyer d'Argenson s'opposait à notre expédition, à moins qu'un de ses hommes ne nous accompagne. Mon ami Des Groseilliers avait d'autres vues. Il avait l'habitude de dire: «Les découvreurs passent avant les gouverneurs.» J'étais bien d'accord avec lui, mais ce principe nous a amenés beaucoup de problèmes.

– Comment s'est passé ce voyage? Avez-vous fait de nouvelles découvertes?

– Pas si vite, jeune homme ! répliqua Radisson. Il fallait commencer par franchir les territoires déjà connus. Avant même de quitter le Saint-Laurent, nous avons croisé une bande d'Outaouais qui rentraient chez eux. Nous les avons accompagnés et nous les avons aidés à repousser une attaque des Iroquois. Puis, nous nous sommes dirigés vers le lac des Hurons et nous en avons suivi la rive nord jusqu'au sault Sainte-Marie. Là, il a fallu faire un portage pour franchir les chutes et nous avons abouti au lac Supérieur.

– C'était la première fois que vous alliez aussi loin ?

– Oui, et que de merveilles nous avons découvertes ! Des dunes de sable impressionnantes et des falaises hautes de plusieurs centaines de mètres. C'était fabuleux ! La saison était très avancée et il n'était plus question de revenir à Trois-Rivières avant la fin de l'année. Après avoir caché nos marchandises de traite, nous avons construit un abri rudimentaire. Il y avait plusieurs Sauvages dans les environs et, pour les impressionner, nous avons fait parade de notre armement : cinq fusils, deux mousquets, trois fusils de chasse, trois paires de grands pistolets, deux paires de pistolets de poche, deux épées et deux poignards. J'avais l'habitude de dire : « Nous sommes des Césars et personne pour nous contredire.» C'était un peu présomptueux, j'en conviens, mais j'étais bien jeune à l'époque.

Quoi qu'il en soit, nous avons fini par rejoindre nos compagnons sauvages au lac de la Courte-Oreille à l'intérieur des terres. L'hiver fut particulièrement rude. Les fortes chutes de neige nous empêchaient de tuer du gibier pour nous nourrir et la famine nous menaça plus d'une fois.

– Les Sauvages devaient être habitués à la rigueur du climat, mais comment réagissaient-ils devant des hommes blancs qui partageaient leur vie?

– Ils trouvaient cela bien bizarre, en effet. Des Groseilliers portait une grosse barbe et les Sauvages en avaient conclu que le Grand Esprit le nourrissait. Quant à moi qui n'avais pas de barbe, ils disaient que je les aimais parce que je vivais tout comme eux. Nos relations étaient très cordiales et, durant les longues soirées d'hiver, ils nous ont parlé d'étangs gorgés de castors qui s'étendaient entre le lac Supérieur et le sud de la baie d'Hudson.

Nous avons pu assister aussi à la grande fête des morts qu'ils tenaient chaque année. Il y avait là pas moins de dix-huit nations indiennes différentes qui venaient rendre hommage à leurs disparus.

Peu de temps après cette fête, nous nous sommes rendus chez les Cris pour tenter de ramener la paix entre eux et les Sioux. Les bonnes relations entre les tribus nous assuraient un commerce plus intéressant. Puis, nous avons rendu visite aux Sioux et nous sommes restés chez eux durant six semaines. Nous étions les premiers Blancs qu'ils côtoyaient et nous étions donc aussi les premiers Blancs à les rencontrer.

– Je suis sûr que vous en avez profité pour connaître leurs coutumes comme vous sembliez le faire un peu partout.

– En effet. Et les Sioux avaient d'ailleurs de curieuses coutumes. Entre autres, ils se vengeaient de leurs épouses infidèles en leur mutilant le visage. Ils leur coupaient le bout du nez jusqu'au cartilage de sorte qu'elles paraissaient comme des têtes de morts. De plus, ils leur arrachaient les cheveux et la peau sur le dessus de la tête. C'était assez surprenant à voir. Et troublant aussi.

– Je n'en doute pas, ajouta Richard en se grattant le bout du nez. Et qu'avez-vous fait après ce séjour chez les Sioux ?

– Il était temps de penser au retour. Nous sommes retournés chercher nos marchandises au lac Supérieur et, accompagnés d'environ 300 Sauvages dans une centaine de canots chargés de peaux de castor, nous sommes revenus vers Ville-Marie.

– Vous avez dû recevoir un accueil formidable?

– Tout un accueil, en effet! Mais les choses ont été différentes par la suite. Quand nous sommes arrivés à Québec, le gouverneur d'Argenson fit saisir une partie de nos fourrures sous prétexte que nous avions quitté la colonie sans son accord. Il fit même jeter Des Groseilliers en prison.

– Mais c'est malhonnête! s'exclama Richard. Vous ne pouviez rien faire?

– Nous avons bien essayé, et mon ami se rendit même en France pour obtenir justice auprès de la cour de Sa Majesté. Sans succès. Il dut revenir bredouille en Nouvelle-France. Voilà comment on traitait les coureurs des bois, à cette époque! C'était d'autant plus injuste que les peaux que nous avions rapportées permettaient de sauver la colonie du désastre financier. N'eût été de ce chargement, les Français auraient sans doute été obligés d'abandonner la Nouvelle-France. Mais... que voulez-vous?

Tiens! Me voilà chez moi. Vous avez été bien gentil de me raccompagner, Richard. Ça m'a fait plaisir de vous rencontrer.

– Mais je veux connaître la suite, insista le jeune homme. Quand pourrais-je vous voir de nouveau?

– Vous me surprenez. Je pensais vous avoir assez ennuyé avec mes histoires de Sauvages du Canada. Mais si vous y tenez, disons dans trois jours au même endroit, vers midi. Ça vous convient?

– Je ne sais pas si je vais pouvoir patienter trois jours... Je serai là, monsieur Radisson. Bonne fin de journée et saluez bien votre dame pour moi, finit-il par dire avec la plus grande politesse.

* * *

Richard s'en retourna la tête pleine des paysages que lui avait fait miroiter le vieillard et frissonna en repensant aux tortures qu'il lui avait décrites. Il se frotta les mains et se gratta le bout du nez. Décidément, se dit-il, il n'était pas fait pour ces aventures. Et pourtant, il voulait désespérément en savoir plus. Mais il devrait attendre trois jours.

Chapitre 4

De la Nouvelle-France à la baie d'Hudson

Il était à peine onze heures lorsque Richard arriva devant le pub où il avait rencontré Radisson trois jours plus tôt. Il n'était pas question qu'il manque son rendez-vous et il ne voulait surtout pas faire attendre l'ex-coureur des bois. Il s'installa sur le petit rempart de pierres en bordure des quais et attendit patiemment son arrivée. Il aurait bien pu aller au devant de lui, mais il s'y refusa de peur qu'il eût pris un autre chemin.

Le ciel était dégagé et le soleil d'automne, malgré ses faibles rayons, rendait la journée très agréable. Il se contenta d'observer les ouvriers qui travaillaient à la façade d'une nouvelle maison toute proche en jetant, à tout moment, un coup d'œil vers l'ouest pour surveiller l'arrivée du vieil homme. Soudain, il aperçut sa silhouette émergeant d'une rue transversale. Il se félicita d'avoir patienté sur place. Malgré son dos courbé par l'âge, Pierre-Esprit Radisson était encore un grand gaillard qui marchait d'un pas déterminé. Richard ne put s'empêcher de penser à la vitalité qu'il devait manifester lorsqu'il arpentait les forêts du Canada. Jamais, se dit-il, il n'aurait pu le suivre dans ses périgrinations.

En se précipitant vers lui, il faillit être terrassé par un marin qui transportait sur ses épaules un lourd ballot de marchandises en direction du quai. Il marmonna des excuses comme il était de bon ton de le faire, mais le marin lui lança une injure qu'il oublia aussitôt.

À quelques mètres du vieillard, il tendit la main et afficha un large sourire de satisfaction.

– Bonjour, monsieur Radisson. Je suis tellement content de vous voir ! Vous allez bien ?

– Ça va, je vous remercie, répondit Radisson en tendant la main à son tour. J'espère que vous n'étiez pas inquiet. Vous savez, si j'ai appris une chose de vous, les Anglais, depuis que je vis à Londres, c'est votre ponctualité légendaire. Je me fais un devoir de toujours respecter mes engagements.

– Je n'étais pas inquiet, rétorqua Richard sans trop de conviction. Voulez-vous que nous allions prendre une bière comme l'autre jour?

– Si vous n'avez pas d'objection, je préférerais continuer à marcher le long des quais. Je trouve que la journée s'y prête parfaitement. Autant profiter du soleil pendant qu'il est là. Nous nous arrêterons plus loin sur un banc, près du London Bridge.

– Vous avez bien raison. La journée est magnifique, n'est-ce pas? Au fait, j'ai un petit cadeau pour vous. Pour vous remercier de m'accorder un peu de votre temps.

Richard sortit d'une des poches de son manteau une blague à tabac de cuir noir remplie d'un tabac de première qualité. Radisson se sentit mal à l'aise en apercevant le présent qui lui était offert. Il traînait sa vieille pochette de cuir depuis tant d'années qu'il s'y était habitué et jamais il ne lui était venu à l'idée de la changer. D'ailleurs, en avait-il les moyens?

– Je suppose que je ne peux pas refuser? murmura Radisson en guise de remerciements. Vous êtes bien gentil, jeune homme.

– Ce n'est rien, je vous jure. J'espère que le tabac vous plaira. C'est le marchand qui me l'a conseillé. Je n'y connais absolument rien.

* * *

Les deux hommes se dirigèrent vers les quais et Richard se montra de plus en plus fébrile. Il était impatient d'entendre Radisson raconter la suite de ses aventures. Pour lui manifester son intérêt, il résuma la fin du récit qu'il lui avait conté trois jours plus tôt.

– Vous avez terminé l'autre jour en me parlant des déboires que vous aviez connus avec le gouverneur d'Argenson à votre retour en Nouvelle-France. C'était en 1660, si je me souviens bien. Qu'avez-vous fait après cela?

– Nous sommes restés un an en Nouvelle-France, cherchant le moyen de nous rendre à la baie d'Hudson. Au cours de son voyage en France, Chouart avait conclu un marché avec un marchand de La Rochelle, un dénommé Arnaud Peré, pour obtenir un navire qui devait nous y mener à partir de l'île Percée. En 1662 donc, nous sommes partis de Trois-Rivières avec dix autres Français mais, malheureusement, certains incidents à l'île Percée nous empêchèrent d'entreprendre notre vraie expédition. Nos compagnons ont choisi de revenir vers le Saint-Laurent, tandis que Chouart et moi avons décidé de nous rendre à Boston dans le but d'offrir nos services aux marchands anglais. Plusieurs spéculateurs décidèrent de commanditer des voyages vers la baie.

Cependant, rien de pratique n'en résulta. Un seul navire, commandé par le capitaine Gillam, réussit à s'y rendre, mais il dut faire demi-tour en raison des glaces.

Nous étions près du découragement quand nous fîmes la connaissance de George Cartwright, un commissaire envoyé par le roi Charles II pour s'attirer le soutien des habitants de la Nouvelle-Angleterre et, bien sûr, extorquer des impôts à la colonie naissante. Il fallait bien récupérer les investissements qu'on y avait faits ! Monsieur Cartwright nous persuada de faire le voyage avec lui vers l'Angleterre où il pourrait nous présenter à des personnages influents, dont Sir George Carteret et, éventuellement, au roi lui-même.

Mais il faut croire que j'étais destiné à vivre toujours des expériences compliquées. La traversée qui se voulait tout ce qu'il y a de plus banale se transforma en grande aventure. Notre navire, le *Charles*, fut capturé par des corsaires hollandais et tous les passagers furent débarqués en Espagne. Il nous a donc fallu deux fois plus de temps que prévu pour nous rendre en Angleterre.

– C'était la première fois que vous mettiez les pieds chez nous. Quelles furent vos impressions ? demanda Richard qui ne connaissait pas beaucoup l'histoire de son pays.

– Je vous dirais, mon cher Richard, que la vie en Angleterre à l'époque était tout aussi dangereuse et violente qu'elle pouvait l'être en Nouvelle-France. Dès notre arrivée en 1665, Londres était décimée par la peste. Vous savez sans doute que plus de 90 000 personnes moururent cette année-là de la terrible maladie. C'était l'horreur! Toute vie normale avait disparu et les charrettes parcouraient quotidiennement les rues de la ville pour emporter les morts. Les maisons étaient pillées et les habitants hésitaient à sortir de chez eux pour ne pas être en contact avec les malades ou être victimes des bandits.

Avec monsieur Cartwright, nous avons pris le bateau pour nous rendre à Oxford où s'était réfugiée la cour. Tout le monde devait porter des mouchoirs parfumés pour ne pas avoir à respirer la puanteur des fosses communes où l'on jetait les victimes.

– Alors là, à Oxford, vous avez dû connaître une vie toute différente?

– C'est le moins qu'on puisse dire, renchérit Radisson. Mais, pour des gens comme Chouart et moi qui avions connu la misère de la vie des bois, le luxe qu'on affichait avait quelque chose de scandaleux. Il faut dire que votre roi d'alors, Charles II, même s'il fut un monarque éclairé, n'en était pas moins un don Juan débauché. Tout comme l'ensemble de sa cour d'ailleurs. Il allait allègrement d'un rendez-vous horizontal à un autre et pouvait choisir, disait-on à l'époque, entre trente-neuf maîtresses qui lui étaient toutes dévouées.

Doit-on voir une punition du ciel dans le grand incendie qui détruisit Londres en septembre 1666? Je ne m'aventurerai pas dans de telles considérations. Vous avez dû apprendre à l'école que le feu qui prit naissance dans une boulangerie de Pudding Lane dura quatre jours, a consumé 13 000 maisons, détruit 400 rues et ruelles et anéanti d'innombrables églises. Ce fut un désastre épouvantable que j'ai pu constater de mes yeux! Des milliers de personnes se retrouvèrent sans logis et une bonne partie de la ville devait être reconstruite.

Tout cela devait coûter très cher, et le roi Charles n'avait jamais assez d'argent pour satisfaire toutes ses fantaisies. Voilà sans doute pourquoi il s'intéressa à notre projet quand on le lui exposa en octobre de cette année-là. Il n'exigeait pas de mises de fonds importantes et promettait de beaux bénéfices. Il faut dire qu'il cadrait bien aussi avec l'humeur de la cour anglaise, intéressée par l'innovation commerciale. Non seulement on pourrait s'approvisionner en fabuleuses fourrures et en cuivre, mais on pourrait peut-être aussi trouver l'entrée dans le passage du Nord-

Ouest qui raccourcirait les coûteux voyages jusqu'à Cathay et aux îles aux Épices. Toujours ce rêve de la route vers la Chine!

Le roi nous octroya, à Chouart et à moi, une allocation hebdomadaire de 40 shillings et il nous confia aux bons soins de Sir Peter Colleton, un jeune courtisan et banquier. Il parla même d'équiper un vaisseau royal en vue d'une expédition vers la baie d'Hudson.

Ces paroles furent sans doute sa plus grande contribution à l'avenir de l'entreprise, car elles éveillèrent l'intérêt du duc de Cumberland, comte d'Holderness et comte Palatin du Rhin, que l'on connaît mieux aujourd'hui sous le nom de prince Rupert. Il était, à ce moment-là, gouverneur des Mines royales et, dès notre première rencontre, il se mit en tête d'arracher aux Français le lucratif marché des fourrures en plus de profiter des richesses minières de cette partie du Canada. Pour lui, la baie d'Hudson pourrait être à l'Angleterre ce qu'étaient les mines du Pérou et du Mexique à l'Espagne. Il entreprit donc de réunir des financiers importants pour organiser un voyage d'exploration.

* * *

Les deux compagnons avaient atteint les abords du London Bridge. Deux tonneaux semblaient abandonnés sur le quai et ils en profitèrent pour s'y asseoir et s'y reposer un instant. Malgré l'agitation qui secouait l'étroite rue, ils purent continuer à causer sans être dérangés tout en admirant le paysage urbain qui s'offrait à leurs yeux.

– Finalement, l'avez-vous fait ce voyage vers la baie d'Hudson ? demanda Richard qui ne voulait pas perdre un instant.

– Oui... et non. En fait, il nous a fallu vivre trois ans en Angleterre avant que l'expédition soit prête. C'est en 1668 que nous avons pu tenter l'aventure. J'étais à bord de l'*Eaglet*, un bateau de guerre prêté par le roi et commandé par William Stannard, tandis que mon ami Médard voyageait à bord du *Nonsuch* commandé par Zachariah Gillam, un marin de la Nouvelle-Angleterre. Il avait été entendu que je passerais l'hiver à la baie et que Chouart rapporterait en Angleterre les peaux de la première saison de traite.

Les capitaines avaient reçu des ordres précis. Ils devaient construire des fortifications, commercer prudemment, chasser la baleine, se livrer à la prospection minière et, en dernier lieu, rechercher le passage vers les mers du Sud et l'explorer. Tout un contrat !

Par un matin brumeux de juin, nous avons quitté Gravesend. Nos bateaux étaient pilotés sur la Tamise par un certain Isaac Manychurch et, le soir même, nous étions en pleine mer. Nous avons pu alors profiter d'une brise fraîchissante pour nous diriger vers le nord. Pendant dix jours, le voyage se fit sans encombre mais voilà que, en contournant les Orcades[3], nous avons été surpris par une tempête. L'*Eaglet* a failli couler et nous avons dû faire demi-tour. Le *Nonsuch* pour sa part a pu continuer le voyage.

De retour à Londres, je passai l'hiver à rédiger, comme le roi me l'avait demandé, la relation des *Voyages* que j'avais faits en Nouvelle-France. J'écrivais en français et on confia à Nicholas Hayward le soin d'en faire une traduction anglaise. Il fut payé cinq livres pour ce travail. Je ne sais pas ce qu'il est advenu de l'original français, mais le texte de la traduction a été sauvé de justesse avant qu'il soit vendu comme papier d'emballage dans un kiosque de poisson-frites. Si ça vous intéresse, vous pourrez le consulter à la bibliothèque Bodleian de l'université d'Oxford.

– Merci du renseignement, commenta Richard. Je vais sûrement m'y rendre pour compléter tout ce que vous m'avez appris. Mais, pendant ce temps, votre ami s'est-il rendu à la baie d'Hudson?

---

3. Îles britanniques au nord-est de l'Écosse.

– Oui. Ils ont été plus chanceux que nous. Six semaines après notre avarie, le *Nonsuch* a atteint les côtes du Labrador et s'est dirigé vers le nord jusqu'au déversement furieux du détroit d'Hudson. Ensuite, il a navigué vers le sud jusqu'au fond de la baie et s'est réfugié dans l'estuaire même où Henry Hudson avait passé l'hiver, cinquante ans plus tôt. Comme cela allait de soi, on donna à la rivière le nom de Rupert.

Tout le monde fut mis à contribution pour abattre des centaines d'épinettes, question de former une immense clairière. On a construit une palissade et une maison à l'aide de billots disposés verticalement entre lesquelles on plaça de la mousse pour assurer une certaine isolation. On fabriqua un toit à l'aide du chaume local. Une cave de douze pieds[4] fut creusée dans le sol gelé pour y entreposer la bière. On a donné à ce fort le nom du roi Charles.

– La saison commençait à être très avancée et ils n'avaient pas encore fait de traite avec les Sauvages. Est-ce qu'ils ont dû revenir bredouille?

– Non, ils ont plutôt décidé de passer l'hiver sur place. Ils ont fait des provisions de brochets qu'ils pêchaient au filet et ils ont abattu des cen-

4. Un peu plus de 3,5 mètres.

taines d'outardes et de lagopèdes qui furent suspendus à des crochets. Grâce aux compétences de survie en forêt de Des Groseilliers et aux talents du capitaine Gillam, tout le monde a pu passer un hiver supportable. On a pu éviter le problème de scorbut grâce à la bière d'épinette locale et au jus de citron apporté d'Angleterre.

Au printemps suivant, plus de 300 Sauvages arrivèrent à la baie pour faire du troc. Des Groseilliers conseilla à Gillam de former une ligue d'amitié et le capitaine en profita pour «acheter officiellement» la terre. Le troc fut une réussite inespérée. Les mousquets, les hachettes, les grattoirs, les aiguilles et les colifichets apportés d'Angleterre furent échangés contre des peaux de castor de premier choix. Les Sauvages étaient très intéressés par ces objets rares et utiles qu'ils pouvaient obtenir contre un produit fort banal pour eux, les fourrures.

Il était maintenant temps de songer au retour. À la mi-juin, Gillam décida de lever l'ancre et de faire route vers le nord. On fuyait surtout les millions de moustiques affamés auxquels on n'était pas habitué. Malheureusement, l'entrée de la baie était encore encombrée par les glaces et on dut attendre à la mi-août pour gagner les eaux libres. Ce n'est qu'en octobre que le *Nonsuch* atteignit finalement la Tamise. Chouart et moi étions bien heureux de nous retrouver.

– Les investisseurs devaient être heureux, eux aussi, d'une si belle réussite?

– Pas si heureux que ça, dans le fond. On ne peut pas dire que le voyage fut très rentable, étant donné les salaires des marins, l'achat des marchandises à échanger et les dégâts subis par l'*Eaglet.* Néanmoins, et c'est ce qui était important, notre théorie était fondée: il était possible de se rendre à la baie d'Hudson, d'y passer l'hiver et d'en revenir sain et sauf avec une belle cargaison de fourrures. Si seulement ils pouvaient avoir le monopole du commerce dans la région!

* * *

Radisson se leva, fit mine d'enlever la saleté qui avait pu tacher son manteau et prit la direction du retour par les quais. Richard en fit autant, bien malheureux à la pensée que leur conversation d'aujourd'hui tirait à sa fin. Il suivit Radisson qui marchait d'un bon pas après ce long repos.

– Je ne pourrai pas vous accompagner jusque chez vous aujourd'hui. J'ai un autre rendez-vous cet après-midi et je ne peux pas le manquer.

– Ce n'est pas bien grave. J'ai l'habitude de marcher seul et je vais prendre tout mon temps pour rentrer chez moi.

– J'aimerais bien cependant savoir si vous avez fait d'autres voyages par la suite. Les financiers ont-ils fini par avoir ce qu'ils désiraient?

– Oui. Dès le mois de mai 1670, le roi a signé la charte de la Hudson's Bay Company leur octroyant des droits territoriaux dans une grande partie du nord du continent. Ils étaient désormais seigneurs et propriétaires de toutes les mers et terres de la baie d'Hudson et de son réseau de rivières. Quelques semaines plus tard, nous avons repris la mer.

J'étais à bord du *Wivenhoe*, un autre navire prêté par le roi mais plus grand cette fois, tandis que Chouart voyageait à bord d'une toute nouvelle frégate, spécialement construite pour ce genre de voyage, qui fut baptisée *Prince Rupert*. Charles Bayly, qui avait été élu gouverneur colonial par les investisseurs, nous accompagnait. C'était un sombre personnage tout juste sorti de prison en qui nous n'avions pas une très grande confiance. Mais je dois dire que c'était réciproque.

Rendu à la baie, notre bateau a longé la côte ouest jusqu'à l'embouchure de la rivière Nelson. J'ai rapidement constaté qu'il s'agirait, dans l'avenir, d'un endroit vital pour la traite. Malheureusement, nous n'avons pu y rester très longtemps. Notre capitaine Robert Newland mourut et le navire connut des avaries. C'est de peine et de misère que nous avons réussi à rejoindre l'autre groupe à la rivière Rupert.

Jusqu'en 1675, nous avons fait plusieurs autres voyages à la baie. Nous avons fondé des postes de traite, qui existent toujours je pense, nous avons surveillé les échanges avec les Sauvages et nous avons fait quelques voyages d'exploration.

– Vous étiez bien traités par les dirigeants de la compagnie?

– Pas trop mal mais, d'année en année, nous nous sentions de plus en plus mal aimés et isolés. On nous soupçonnait constamment. Ainsi, lorsque nous avons proposé à la compagnie d'étendre le commerce vers l'intérieur des terres, on supposa que nous voulions déserter et aller confier nos connaissances aux Français. Sincèrement, ce n'était pas notre intention. Mais c'est ce qui finit par arriver.

* * *

Radisson semblait bien parti dans son récit et c'est avec beaucoup de regrets que Richard dut l'interrompre. Il serait en retard à son rendez-vous, ce qui est inadmissible pour un gentilhomme anglais.

– Je dois vous quitter ici, se contenta-t-il de dire. Pouvons-nous nous fixer une autre rencontre ? balbutia-t-il en espérant qu'il ne le lui refuserait pas.

– Mais si, mais si ! Disons mercredi prochain, toujours devant le pub. Ça vous convient ? Et j'aurai une petite surprise pour vous à mon tour. Merci pour le tabac, conclut-il en lui tendant la main.

Richard salua son compagnon, fit demi-tour et accéléra le pas. Il avait, encore une fois, la tête pleine d'images fabuleuses et ne pensait qu'à leur prochain rendez-vous. Mais une chose l'obsédait : qu'allait donc lui offrir cet insolite vieillard ?

Chapitre 5

Le retour en Nouvelle-France

Même si l'histoire du travail scolaire était pure invention de sa part, Richard, dès son retour à la maison, mit sur papier le récit de l'aventurier en essayant d'en rendre compte le plus fidèlement possible. Qui sait? Un jour peut-être tout cela pourrait lui être utile.

La semaine fut longue à passer. Richard comptait à rebours les jours qui le séparaient de sa prochaine rencontre avec Pierre-Esprit Radisson et allait même, certains jours, flâner près du pub dans l'espoir de l'apercevoir. En vain.

Au jour fixé de leur rendez-vous, il se leva plus tôt qu'à l'habitude, fit une toilette rapide et s'habilla. À huit heures, il était déjà prêt à partir mais cela était tout à fait ridicule puisqu'il demeurait à peine à trente minutes de marche des quais de la Tamise. Il prit donc le temps de déjeuner et alla s'installer dans le jardin arrière de la maison que ses parents prenaient un soin jaloux d'aménager dans la plus pure tradition anglaise. À ce temps de l'année, toutes les fleurs avaient disparu, les arbres et les arbustes avaient perdu leur feuillage et la pelouse semblait toute fanée. Il alla s'asseoir sur un banc et commença à feuilleter le petit carnet à la couverture noire dans lequel il avait noté ses observations. Il y resta, à lire et à rêver, jusqu'à onze heures puis quitta la maison sans avertir personne.

Quand il arriva devant la taverne une demi-heure plus tard, Radisson l'attendait déjà, debout près de l'entrée. Il tenait sous son bras un colis enveloppé d'une feuille de journal. «Mon cadeau!» pensa Richard dont le cœur se mit à battre de plus en plus fort. Il accéléra le pas pour le rejoindre.

– Excusez-moi de ce retard. J'espère que je ne vous ai pas trop fait attendre?

– Vous n'êtes pas en retard, c'est moi qui suis en avance. De toute façon, je viens tout juste d'arriver. Vous allez bien, Richard?

– Très bien, je vous remercie. Et vous?

– Ça va, ça va. Même si on sent que l'hiver approche.

En effet, ce matin-là, la température avait chuté de quelques degrés et le ciel était d'un gris pesant. Richard ne pouvait s'empêcher de porter les yeux à tout moment sur le paquet que tenait monsieur Radisson. Le vieillard le remarqua et sourit en le lui tendant.

– Vous semblez impatient, mon cher Richard. C'est bien la surprise que je vous avais promise, dit-il en lui offrant le présent. C'est un souvenir du Canada que j'ai gardé précieusement jusqu'à ce jour. Mais à mon âge, vous savez, il n'y a plus beaucoup d'objets auxquels on tienne encore. Ça me fait plaisir de l'offrir à quelqu'un qui s'intéresse tant à mes aventures.

Richard s'empressa de déballer son cadeau avec la fébrilité d'un enfant au matin de Noël. Il en sortit un objet curieux, une espèce de hache faite d'une tête en pierre montée sur un bout de bois et décorée de quelques plumes défraîchies. Des points d'interrogation s'affichèrent dans ses yeux.

– C'est une arme indienne, précisa Radisson. On appelle ça un *tomahawk*. Il a dû servir jadis à scalper quelques Sauvages et peut-être aussi des Blancs. Je l'ai reçu, il y a bien des années de cela, d'un guerrier algonquin avec qui j'ai beaucoup voyagé en Nouvelle-France. Je ne m'en suis jamais séparé. C'était comme un porte-bonheur. Mais vous feriez mieux de le remballer avant que nous ayons des problèmes avec la police.

Richard suivit le conseil de son ami et remit, tant bien que mal, la feuille de journal autour du *tomahawk*.

– Monsieur, je vous promets que je vais en prendre soin comme de la prunelle de mes yeux et que je ne m'en départirai pas avant d'avoir au moins votre âge, si Dieu me prête vie jusque-là. C'est le plus beau cadeau qu'on m'ait jamais fait. Je vous paie une bière? lança-t-il en indiquant la porte du pub.

– Bonne idée. C'est plutôt frais aujourd'hui et ma femme ne serait pas très heureuse si je tombais malade.

* * *

Dans la taverne, la table qu'ils occupaient lors de leur première rencontre était libre. Radisson s'y dirigea aussitôt. Les deux hommes n'eurent même pas le temps de commander qu'un serveur venait déposer devant eux deux gros verres de bière. Richard mit son cadeau sur ses genoux et s'empressa de commencer la conversation.

– Nous en étions à vos voyages à la baie d'Hudson avec les envoyés de la Hudson's Bay Company. Et vous m'avez dit que vous deviez revenir éventuellement au service de la Nouvelle-France.

– Je vois que vous avez bien appris votre leçon ! Au cours des premières expéditions, nous avons établi quatre forts sur les rives de la baie. Il y avait le fort Charles et le fort Nelson dont je vous ai déjà parlé, mais aussi le fort Monsoni sur la rivière Monsoni et le fort Quichitchouanne sur la rivière Albany. Nous faisions des allers et retours constants entre le nord du Canada et l'Angleterre. C'est d'ailleurs lors d'un passage à Londres que j'ai épousé ma première femme, la fille de Sir John Kirke, l'un des actionnaires de la compagnie qui avait hérité de son père des droits légitimes à une importante partie du nord-est du Canada.

– Et les Français de la Nouvelle-France, comment voyaient-ils vos incursions dans la baie ?

– Ils n'en étaient pas très heureux. Nous menaçions leur suprématie sur le territoire. Ils suivaient nos activités avec une appréhension croissante, surtout Jean Talon et le comte de Frontenac. Ils écrivaient constamment au ministre Colbert pour déplorer le manque de mesures efficaces de la part des Français.

L'intendant Talon prit les devants en envoyant une délégation vers la baie. Le père Charles Albanel et Paul Denys de Saint-Simon acceptèrent la mission. Ils se firent accompagner de Sébastien Provencher et de quelques Montagnais. Parti de Tadoussac, en août 1671, le groupe remonta le Saguenay jusqu'au lac Saint-Jean, une véritable mer intérieure qu'ils mirent cinq jours à traverser.

Vers la mi-septembre, ils croisèrent des Sauvages des tribus Attikamègues et Mistassirinins qui leur racontèrent que deux navires avaient mouillé dans la baie d'Hudson et que les hommes faisaient la traite avec les Sauvages. Les responsables de l'expédition se consultèrent et il fut décidé que monsieur de Saint-Simon retournerait immédiatement à Québec pour obtenir des passeports du gouverneur, de l'intendant et de l'évêque. Il ne revint que le 10 octobre, trop tard pour entreprendre le reste du voyage. On décida d'hiverner sur place, et le père en profita pour évangéliser les Sauvages et baptiser leurs enfants. La saison fut plutôt rude et, au dire du père Albanel, ce fut l'hiver le plus dur qu'il connût en Nouvelle-France.

Le 1er juin suivant, ils quittèrent Nataschegamiou où ils avaient passé l'hiver, prirent la rivière Nekoubau, traversèrent le grand lac Mistassini et atteignirent la rivière Rupert. C'est le père Albanel qui m'a raconté tout cela plus tard et il multipliait les qualificatifs pour décrire tout ce qu'il avait vu : les épaisses forêts, les prairies herbeuses faites pour nourrir d'immenses troupeaux. Il me dit même avoir vu, le 15 juin, des roses sauvages aussi belles et aussi odoriférantes qu'à Québec. Il était aussi impressionné par les jours de soleil sans fin, l'aube succédant au crépuscule sans transition.

Mais c'était aussi un voyage très difficile. Ils ont dû portager pour franchir 200 chutes et utiliser de longues perches pour monter 400 rapides de moindre importance. Il conclut son récit en me disant : « Mais on prend courage quand on pense combien d'âmes on peut gagner à Jésus-Christ. » Vous voyez que son esprit missionnaire ne lui faisait jamais défaut.

– Finalement, ont-ils fini par vous rejoindre ? demanda Richard.

– Ils se sont bien rendus à la baie, mais tous les Anglais avaient quitté le fort Charles pour aller à la chasse. Ils n'ont vu personne à l'exception de quelques Sauvages. Le père Albanel en a profité pour en convertir quelques-uns et les encourager à traiter dorénavant avec les Français. Il leur a confié une lettre pour moi, mais on ne me l'a jamais transmise. Le 6 juillet, ils ont entrepris le voyage de retour. En cours de route, Saint-Simon a symboliquement pris possession du territoire au nom du roi de France en plaçant ses armes sur la pointe d'une île du lac Némiscau. Il fit la même chose une semaine plus tard sur les bords de la rivière Minahigouskat. En août, les voyageurs étaient de retour sains et saufs dans la colonie.

– On vous a donc laissés tranquilles par la suite?

– On ne s'est pas découragé aussi facilement. L'année suivante, Frontenac a confié une nouvelle mission au père Albanel. Muni d'une lettre destinée à notre chef, il partit pour Tadoussac en octobre et prit la route du Nord. Il eut un accident chemin faisant et fut obligé de passer l'hiver dans la région du lac Saint-Jean. Il parvint néanmoins à la rivière Rupert à la fin août 1674 en compagnie d'un jeune Sauvage et d'un Français. Il demanda refuge au responsable du fort pour échapper aux mauvais traitements des Sauvages et pour ne pas avoir à faire le si pénible voyage de retour.

– Et on lui a accordé cette faveur?

– On a fait beaucoup plus! Bayly le considéra comme un traître, un ennemi venu divertir les Sauvages de leur alliance pour les gagner à l'amitié et au commerce des Français, en dépit de la missive plutôt bienveillante de monsieur de Frontenac. Il le fit tout simplement prisonnier, lui et le Français qui l'accompagnait et on les expédia en Angleterre. Ce n'est qu'à ce moment que Chouart et moi l'avons rencontré.

– Il vous a sans doute conseillé de revenir en Nouvelle-France ?

– Bien plus. Il nous a offert 400 louis d'or et a promis de servir d'intermédiaire pour que nous récupérions nos biens. Il souhaitait surtout notre retour pour que nos compétences soient mises au service de la France. Nous lui avons répondu que nous y songerions. Il quitta Londres pour la France et revint dans la colonie en 1676.

Quant à nous, nous étions de moins en moins enchantés du traitement que nous recevions de la part de la compagnie et nous avons fini par nous résoudre à franchir la Manche. J'ai dû laisser mon épouse en Angleterre. Quelle déception ! La cour de France refusa d'honorer les belles promesses du père Albanel et Colbert, le ministre des colonies, nous renvoya en Nouvelle-France pour nous expliquer avec Frontenac.

Le gouverneur ne nous a pas accueillis avec plus de considération. Il se méfiait de nous et des jésuites, et craignait que les faveurs qu'on nous accorderait ne le soient au détriment de son nouveau protégé, un certain Cavelier de La Salle. Il n'y avait donc rien à attendre de Frontenac. Chouart se retira sur ses terres à Trois-Rivières et moi, je m'en retournai en France.

* * *

Richard écoutait religieusement son interlocuteur et n'avait pas de peine à imaginer la déception qu'il avait dû connaître alors. Il le laissa donc un moment à ses réflexions et patienta quelque peu avant de relancer la conversation.

Il termina sa bière, ce que fit aussi monsieur Radisson, et jeta un coup d'œil au serveur qui comprit aussitôt le message. Il se dirigea vers eux avec deux autres chopes de bière bien froide arborant un épais collet de mousse et libéra la petite table des verres vides.

Richard baissa les yeux et tripota son verre en le faisant tourner entre ses doigts. Quand il releva la tête, il se rendit compte que Radisson regardait par la fenêtre, tout absorbé à ses pensées.

– Vous sentez-vous l'énergie de continuer? demanda-t-il sans trop insister.

– Oui, oui, ça va. De toute façon, la suite peut se résumer en quelques mots.

La France connaissait alors une période de chômage intense. Je cherchai de l'aide auprès d'un puissant personnage qui vivait à l'ombre de la cour, l'abbé Claude Bernou. Il m'obtint un poste d'aspirant de la marine et je partis pour l'Afrique et les Antilles. Il s'agissait, pour le vice-amiral d'Estrées, de s'emparer des colonies hollandaises qui s'y trouvaient. Après quelques succès, l'expédition se termina par un désastre sur les écueils de la mer des Caraïbes. J'y ai survécu de justesse, mais j'y ai aussi perdu tous mes biens.

À mon retour en France, on ne me remit pas le brevet de marine qu'on m'avait pourtant promis. Un jour, j'ai pu rencontrer monsieur Colbert et il me fit comprendre qu'une des raisons pour lesquelles on hésitait à m'aider, c'est que j'étais marié à une Anglaise que je n'avais pas emmenée avec moi en France.

Je me rendis donc en Angleterre pour tenter de la ramener, mais son père, Sir John Kirke, s'opposa mordicus à son départ en ma compagnie. Elle mourut quelques années plus tard. J'en profitai aussi pour faire quelques démarches auprès de la Hudson's Bay Company pour savoir comment serait accueillie une décision de ma part de revenir travailler pour eux. On me fit comprendre assez vite merci que je ne serais pas le bienvenu. Doublement dépité, je suis donc retourné à Paris.

Une lueur d'espoir cependant m'y attendait. J'y ai rencontré monsieur Charles Aubert de La Chesnaye. Mais, si vous le voulez bien, Richard, je vous en réserve les détails pour la prochaine fois.

– Vous savez me laisser sur mon appétit, commenta Richard avec un large sourire. Mais je ne vous en veux pas. Vous êtes déjà bien bon de m'accorder tout ce temps.

Radisson était déjà debout, prêt à quitter les lieux. Richard le suivit vers la porte, tenant précieusement son cadeau à deux mains. Le vieil homme se retourna brusquement et désigna le colis.

– Surtout, lança-t-il, ne vous en servez pas comme le faisaient les Sauvages! À la semaine prochaine.

L'aventure de la Compagnie du Nord

Richard comprit qu'il devrait attendre sept jours avant de revoir son ami, une longue et interminable semaine. Il s'y résigna et vaqua à ses occupations d'étudiant sans trop d'intérêt. Chaque jour, il reprenait son petit carnet et relisait, sans s'en lasser, les notes qu'il y avait inscrites.

Le mercredi suivant, Richard ne voulut pas faire attendre monsieur Radisson et se rendit à leur habituel lieu de rendez-vous dès onze heures. Il pleuvait abondamment ce matin-là, et il entra aussitôt dans le pub. Il y régnait une activité fébrile, plusieurs marins s'y étant regroupés en attendant que la pluie cesse ou, tout au moins, diminue quelque peu.

Il fut déçu de voir que leur table était occupée et il dut se rendre au fond de la salle pour trouver un coin tranquille qui conviendrait à leur entretien. À midi, Radisson se pointa enfin. Il jeta un coup d'œil autour de lui et aperçut Richard qui lui envoyait la main en se levant. Il se dirigea vers lui et enleva son manteau détrempé en prenant soin de sortir de sa poche sa pipe et sa nouvelle blague à tabac.

– Excusez-moi de vous faire sortir par un temps pareil, lança Richard tout penaud. Je ne vous en aurais pas voulu si vous n'étiez pas venu aujourd'hui.

– On ne peut pas s'attendre à autre chose en ce début décembre, répliqua Radisson qui s'apprêtait à allumer sa pipe. De toute façon, vous connaissez maintenant assez mes aventures pour comprendre que ce n'est pas une petite pluie qui va m'arrêter.

Radisson exagérait quelque peu: il ne s'agissait vraiment pas d'une petite pluie, mais d'une averse torentielle qui, le froid aidant, risquait de se transformer en tempête de neige. Richard sourit et admira la détermination de son compagnon.

– Vous me surprendrez toujours, lui dit-il pour clore le débat. On reprend notre histoire? Vous me disiez, l'autre jour, que vous avez rencontré quelqu'un à Paris mais je n'ai pas retenu son nom.

– La Chesnaye, Charles Aubert de La Chesnaye. Nous nous sommes rencontrés en 1679 par l'intermédiaire de François Bellinzani, intendant du commerce attaché au service de Colbert. La Chesnaye vivait en Nouvelle-France mais il était, à ce moment, de passage en France pour voir à ses affaires. Il était riche, mais il était aussi cupide et voulait s'enrichir encore plus. Il savait que le salut du commerce serait assuré par l'activité maritime et par l'augmentation du troc des peaux de castor provenant de la côte ouest de la baie d'Hudson et au-delà.

Il était sur le point d'organiser une nouvelle compagnie et avait demandé à Colbert de lui octroyer une charte à cet effet. Ce serait la Compagnie du Nord. D'autres l'appelleront la Compagnie française de la baie d'Hudson, pour s'opposer aux Anglais. Le ministre était bien mal placé pour donner son aval au projet à cause des relations pacifiques qui existaient, pour l'instant, entre la France et l'Angleterre. Il le fit tout de même secrètement et conseilla à La Chesnaye de s'arranger avec le gouverneur Frontenac.

Je lui offris mes services pour diriger l'expédition à la baie moyennant le quart des bénéfices. Il accepta. Mais il fut convenu aussi que je ferais un ultime voyage en Angleterre afin de persuader mon épouse de me suivre et, en même temps, essayer de savoir de combien de navires la

Hudson's Bay Company disposait dans ces régions. Ce fut l'échec total. Je suis donc revenu en France pour apprendre que monsieur La Chesnaye était parti pour le Canada. J'ai pris le bateau à La Rochelle et je suis arrivé à Québec à la fin de septembre 1682. Comme monsieur La Chesnaye n'avait pas la bénédiction claire et nette de Colbert, le gouverneur Frontenac refusa d'accorder des permis pour la nouvelle aventure. Tout au plus m'a-t-il donné un sauf-conduit pour retourner en Europe sur un navire appartenant au gouverneur de l'Acadie qui se trouvait à Québec à ce moment-là.

– Vous viviez donc une nouvelle déception? interrogea Richard qui buvait littéralement toutes les paroles de Radisson.

– Pas du tout! C'était un subterfuge que nous avions imaginé pour mettre notre projet à exécution. Je devais me rendre à l'île Percée et attendre le bateau que monsieur La Chesnaye faisait gréer. Avant ce départ, nous avons sollicité le gouverneur une autre fois pour qu'il me permette d'amener avec moi mon neveu Jean-Baptiste Des Groseilliers, le pilote Pierre Lallemand et l'interprète Jean-Baptiste Godfroy. Frontenac se doutait bien de nos intentions, mais il feignit de les ignorer.

En octobre, je me suis donc rendu en Acadie avec mes compagnons et nous y avons hiverné.

Au printemps suivant, le navire arriva. C'était une vieille barque comptant seulement huit hommes et des provisions minimales pour ce genre de voyage. Heureusement, quelques jours plus tard, mon ami Chouart qui avait, lui aussi, signé un contrat avec La Chesnaye arriva avec un autre navire et un équipage de quinze hommes. Le voyage demeurait risqué, mais nous avons tout de même décidé de tenter l'aventure en prenant soin de nous suivre de près.

Le navire sur lequel je voyageais était plus rapide que celui de mon compagnon et je suis donc parvenu sur la côte ouest de la baie, cinq jours avant lui. Nous nous sommes rejoints à l'embouchure de la rivière Kakwakiwey, un nom sauvage qui signifie «laisse s'en aller celui qui vient». Les Anglais la nommaient rivière Hayes.

Après avoir navigué quelque peu sur la rivière, nous avons choisi un endroit pour bâtir un fort. Tandis que Chouart se consacrait à ce travail, je suis allé établir les premiers contacts avec les Sauvages. Je fus bien accueilli par ceux que je rencontrai et ils me promirent de nous envoyer au fort plusieurs canots chargés de fourrures. Ils tinrent leur promesse.

– Mais vous ne me parlez pas des Anglais de la Hudson's Bay Company. Étaient-ils toujours dans les parages?

– Non seulement y avait-il des Anglais, mais il y avait aussi un autre navire venu de la Nouvelle-Angleterre, le *Bachelor's Delight*, qui était arrivé à la baie quelques jours avant nous et qui avait jeté l'ancre en amont sur la rivière Nelson. Son équipage de quatorze hommes, dirigé par Benjamin Gillam, le fils de l'ancien capitaine du *Nonsuch*, s'était installé pour l'hiver.

Quand je suis arrivé au fort, nous avons entendu des coups de canon tirés par ces Bostoniens pour rendre hommage à l'un des marins morts quelques jours plus tôt. Je me rendis à leur rencontre et leur fis croire la plus invraisemblable histoire. Je dis tout d'abord au jeune Gillam que j'avais reçu du roi de France l'ordre de construire un grand fort et d'interdire à tout étranger de commercer dans la région.

Et je lui fis croire aussi que j'avais, avec moi, cinquante hommes armés pour m'assister dans ma mission. Gillam se plaça entre mes mains et je leur permis de passer l'hiver sur la Nelson.

À peine avais-je quitté le petit fort que j'aperçus un grand navire, toutes voiles dehors, qui entrait dans l'estuaire de la Nelson. C'était le *Prince Rupert* qui arrivait de Londres. Afin de l'empêcher de poursuivre sa route, je fis allumer un grand feu de camp pour persuader les vigies que la petite clairière où nous nous trouvions était, en réalité, un campement indien. La ruse réussit. Le navire jeta l'ancre.

Le lendemain matin, on mit les canots à l'eau et on envoya quelques hommes sur la rive, dont John Bridgar, le nouveau gouverneur de la colonie anglaise. Pendant que mes amis étaient cachés dans le bois, j'informai la délégation que cette terre était revendiquée par le roi de France, que j'étais sur les lieux depuis un an avec 300 soldats.

Les Anglais auraient bien voulu faire demi-tour, mais la saison était trop avancée pour qu'ils puissent s'en retourner. Comme pour les Bostoniens, je les autorisai à passer l'hiver sur place. Tout l'équipage, à l'exception de neuf hommes restés sur le bateau, se chargea de construire des abris. Mais voilà qu'un violent orage fit dériver le *Prince Rupert* jusqu'en mer où il coula avec les neuf hommes. Ceux qui étaient à terre se retrouvèrent donc à ma merci.

– Vous n'aviez pas beaucoup de nourriture pour passer l'hiver... comment vous êtes-vous débrouillés ?

– Nous avons eu une chance incroyable. Notre compagnie avait tué 60 chevreuils mais, quelques jours plus tard, de très grosses pluies ont causé une inondation et ils ont tous été emportés.

Qu'à cela ne tienne, nous sommes retournés chasser et nous avons tué d'autres chevreuils et 4000 perdrix blanches, plus grosses que celles que l'on retrouve en Europe. Les Sauvages nous ont également apporté des provisions de sorte que nous avons passé l'hiver à l'abri de toute disette.

* * *

Richard regarda Radisson avec incrédulité. Il se demandait bien si l'aventurier n'exagérait pas quelque peu avec sa fabuleuse histoire de chasse. Il n'osa pas lui faire part de ses soupçons et le laissa poursuivre son récit.

– Une dizaine de jours après mon retour, je pris cinq hommes avec moi pour aller voir ce que faisaient les Anglais. Nous avons mis quatre jours pour descendre, avec nos canots d'écorce, la rivière Hayes jusqu'à son embouchure, là où s'étaient installés Bridgar et ses hommes. Le lendemain après-midi, nous étions au fort Nelson qu'occupaient les Bostoniens.

Le voyage de retour fut plus pénible. Nous avons dû tout d'abord demeurer deux jours de plus que prévu au fort à cause d'une tempête de neige et de grêle; ce n'est que lorsqu'elle cessa tout à fait qu'il nous fut possible de quitter les lieux. Mais, en arrivant à l'embouchure de la rivière Hayes, nous nous aperçûment qu'elle était gelée et qu'il était presque impossible de poursuivre plus loin. Nous avons manœuvré pendant quatre heures pour atteindre la berge et nous avons abandonné là nos embarcations.

Après trois jours de marche le long de la rivière, nous sommes finalement arrivés en vue de notre habitation, mais de l'autre côté de la rivière et sans savoir comment la traverser. Il a fallu que quatre de nos hommes se risquent sur la rivière dans une chaloupe qui avait l'air de bien tenir au milieu des glaces. C'est ainsi que nous avons pu entrer au fort sains et saufs.

Au printemps suivant, nous nous sommes emparés des marchandises de troc et des fourrures qui avaient déjà été obtenues dans le négoce et nous avons expédié nos prisonniers vers les autres postes de la Hudson's Bay Company à l'extrémité méridionale de la baie à bord d'une embarcation de fortune construite avec les restes de nos deux petits bateaux.

Nous avons construit un fort permanent, le fort Bourbon, et nous en avons laissé le commandement à Jean-Baptiste Chouart avant de nous embarquer sur le *Bachelor's Delight* pour revenir à Québec. Nous avions accumulé plus de 2000 peaux de fourrure. Voilà le résumé de ce voyage à la baie d'Hudson. J'ai eu l'occasion de le décrire dans ses moindres détails dans mon journal de 1682-1683.

– Le gouverneur devait être content du succès de votre expédition !

– Vous pensez cela ? Détrompez-vous. Frontenac avait été remplacé par monsieur Le Febvre de La Barre qui craignait d'avoir des problèmes avec les voisins de la Nouvelle-Angleterre. Il nous obligea à restituer le navire et à payer le prix des marchandises que nous avions consommées. De plus, il nous imposa le droit habituel de 25 pour cent sur nos prises. C'en était trop. Des Groseilliers se retira définitivement sur ses terres de Trois-Rivières et c'est là qu'il mourut une dizaine d'années plus tard, en 1696.

– Vous avez abandonné vous aussi ?

– Oh non ! J'avais la tête dure et je suis reparti pour la France en novembre pour aller plaider ma cause à la cour. Ce fut peine perdue, une fois encore. On était plus intéressé à apaiser le roi d'Angleterre que de nous récompenser de nos exploits. Je compris que nous n'étions que des pions dans ces intrigues politiques. Voilà comment se termina pour moi l'aventure de la Compagnie du Nord.

* * *

Radisson s'enferma dans un mutisme profond. Richard comprit bien qu'il ne pourrait plus en tirer un seul mot aujourd'hui et se contenta de vagues paroles pour lui dire combien il admirait la vie aventureuse qu'il avait connue.

Le vieillard se leva, prit son manteau et se dirigea vers la sortie en saluant de la main son jeune compagnon.

– À la semaine prochaine, se contenta-t-il de dire.

Cette fois, Richard ne le suivit pas. Il resta assis, perdu dans ses pensées, et commanda une dernière bière avant de rentrer chez lui. Décidément, la vie que cet aventurier avait connue le troublait profondément.

Chapitre 7

La fin des aventures

Richard profita d'une journée de congé ce vendredi-là pour se rendre à la bibliothèque Bodleian de l'université d'Oxford dans le but de consulter le récit des *Voyages* dont Radisson lui avait parlé. Il put constater que, malgré son grand âge, l'aventurier avait encore une mémoire surprenante et que tout ce qu'il lui avait raconté au cours de leurs rencontres correspondait à ce qu'il avait écrit une quarantaine d'années plus tôt. Il n'avait pas essayé d'embellir l'histoire pour la rendre plus fantastique encore. Tout y était, à quelques détails près.

Richard passa tout l'après-midi sur place à lire et à relire le récit et à ajouter certaines remarques dans son carnet de notes. Quand il rentra chez lui en fin de journée, il s'amusa avec le *to-*

mahawk en essayant d'imaginer comment les Amérindiens pouvaient s'en servir pour scalper leurs ennemis. Il en eut des frissons dans le dos et le redéposa sur son bureau avec précaution.

* * *

Le mercredi suivant, comme convenu, il rencontra Radisson à leur habituel lieu de rendez-vous. Mais, cette fois, ils ne pénétrèrent pas dans le pub. Ils décidèrent plutôt de marcher sur les quais et de se rendre à la chapelle Saint-Thomas-Beckett, sur le London Bridges. Un soleil radieux réchauffait quelque peu Londres, ce qui était fort inhabituel pour ce temps de l'année.

En route, ils se contentèrent de parler de la température, des fêtes de fin d'année qui arrivaient à grands pas et de leurs projets respectifs. Avec un soupçon d'ironie dans la voix, Radisson interrogea le jeune homme sur ses études.

– Avez-vous commencé à rédiger votre travail sur mon récit ?

Richard fut surpris par la question. Jamais il n'aurait cru que ce petit mensonge reviendrait sur le tapis. Tout penaud, il admit sa faute.

– Excusez-moi de vous avoir raconté cette histoire, monsieur Radisson. Ce n'était qu'un subterfuge que j'ai imaginé pour pouvoir vous faire parler de vos aventures au Canada. Mais n'allez pas croire que vous m'avez livré tout cela pour rien. J'ai tout noté dans ce carnet, conclut-il en sortant de sa poche le petit livret à la couverture noire.

– Je ne vous en veux pas, jeune homme. Je me doutais bien qu'il n'y avait rien de vrai là-dedans. J'espère néanmoins qu'un jour cela pourra vous être utile.

* * *

Radisson et Richard venaient de pénétrer dans la chapelle. Ils repérèrent deux sièges libres dans la dernière rangée et commencèrent à échanger à voix basse pour ne pas déranger la quiétude des lieux. Richard lança la conversation.

– Avez-vous abandonné monsieur La Chesnaye après votre mauvaise aventure à la baie d'Hudson?

– Oui, et je suis revenu travailler pour la Hudson's Bay Company. De façon définitive, cette fois. Ce n'est pas moi qui ai fait les premiers pas. Sir James Hayes demanda à Lord Preston, l'ambassadeur anglais à Versailles, d'entrer en contact avec moi. Il me délégua son bras droit, Gédéon Godet. C'était un personnage pittoresque qui n'avait qu'une seule idée en tête: quitter la France où il se trouvait persécuté à cause de sa religion. Il vint me rencontrer dans l'appartement que j'occupais au troisième étage d'une maison du faubourg Saint-Antoine et il réussit à me convaincre de fuir avec lui vers l'Angleterre, ce que nous fîmes à la première occasion. Il était préoccupé par deux autres choses: son avancement personnel et le mariage de sa fille.

Je ne sais pas s'il a réussi à obtenir une promotion, mais il a réussi à marier sa fille... avec moi qui étais maintenant veuf. Nous nous sommes mariés le 3 mars 1685 en l'église St. Martin in the Fields, à Londres. Elle s'appelait Margaret Charlotte Godet et nous avons eu cinq enfants avant qu'elle meure, il y a quelques années. Une bien bonne dame, vous pouvez m'en croire.

– Comment avez-vous été accueilli en Angleterre?

– Avec beaucoup de politesse, comme seuls peuvent en manifester les Anglais! Mais avec beaucoup de réserve et de scepticisme aussi. Ils m'offrirent une chope d'argent, 200 livres en actions de la compagnie et le titre pompeux mais sans fondement solide de «surintendant, principal administrateur de la traite à fort Nelson».

C'est moi qui leur ai appris que mon neveu Jean-Baptiste devait toujours se trouver à la baie d'Hudson comme responsable du fort Bourbon, que nous avions construit l'année précédente. La compagnie arma trois solides vaisseaux et m'envoya sur les lieux pour tenter de dominer les

Français sans employer la force et pour nous assurer la possession tranquille de l'endroit. J'étais à bord du *Happy Return*, un nom prédestiné, vous en conviendrez.

– Et vous avez réussi votre mission?

– Avec une aisance presque ridicule! J'ai réussi à persuader Jean-Baptiste de se mettre, avec ses hommes, au service de la Hudson's Bay Company et de nous remettre les 20 000 peaux qu'il avait négociées avec les Sauvages ou subtilisées dans les autres postes de la Compagnie. Nous avons brûlé le fort Bourbon et nous sommes rentrés en Angleterre. Encore une fois, nous avons eu une chance incroyable. Nous avons échappé de justesse à l'attention des navires français qui venaient faire la relève de Jean-Baptiste. À notre arrivée à Londres, nous avons assisté au couronnement de Jacques II.

– Et Jean-Baptiste se mit effectivement au service des Anglais?

– Plutôt de force que de gré. Il tenta à plusieurs reprises de revenir au service des Français, mais il échoua à chaque tentative. En 1687, il fut naturalisé anglais aux frais de la compagnie. Tout comme moi d'ailleurs.

– Et vous êtes retourné à la baie d'Hudson?

– Pour un ultime voyage qui dura deux ans, de 1685 à 1687. Il faut dire que j'avais alors bien des problèmes. D'abord, ma tête était mise à prix par les Français qui n'avaient pas digéré ma nouvelle association avec les Anglais. Le marquis de Denonville, nouveau gouverneur de la Nouvelle-France, avait offert 50 pistoles à qui me ramènerait à Québec. Je me fis donc plutôt discret pour ne pas être capturé.

– Y a-t-il eu d'autres affrontements entre Français et Anglais dans la région ?

– Il y en a eu plusieurs. Il faut vous dire tout d'abord que la Compagnie du Nord a reçu, pour 20 ans, le monopole de la traite des fourrures, la propriété exclusive de la rivière Bourbon (en fait, la rivière Hayes) et la permission d'établir deux postes, l'un sur le lac Abitibi et l'autre sur le lac Nemiskau.

Au début de 1686, les Français mirent sur pied une expédition commandée par Pierre de Troyes qui avait la double mission d'établir et de fortifier les postes les plus avantageux et de capturer les coureurs des bois et, en particulier, de moi si possible. Pierre de Troyes avait à sa disposition trente soldats de troupes régulières fraîchement débarqués en Nouvelle-France et soixante-dix autres Canadiens. Il pouvait également compter sur cinq officiers brillants : trois des frères Le Moyne, les sieurs de Sainte-Hélène, d'Iberville et de Maricour, leur futur cousin Zacharie Robutel et Ignace Juchereau-Duchesnay de Saint-Denis.

L'expédition s'est mise en branle en mars 1686 et remonta la rivière des Outaouais jusqu'à la fourche de la rivière Mataouan et du lac Témiscamingue pour, de là, descendre à la baie d'Hudson par la rivière Abitibi. Vers la mi-juin, ils prirent le fort de la rivière Monsoni en moins de trente minutes et, une semaine plus tard, le fort Rupert et le bateau qui s'y trouvait. Il restait à s'emparer du fort Albany, ce qui fut un jeu d'enfant grâce au vaisseau anglais équipé d'une batterie de canons. Heureusement pour moi, je n'étais à aucun de ces endroits.

Je passais, à cette époque, d'un poste de la compagnie à l'autre et je connaissais de plus en plus de problèmes avec les agents qui s'y trouvaient. Je résolus donc de rentrer définitivement en Angleterre. J'en avais assez de ces querelles et je me sentais de moins en moins le bienvenu.

– Vous vivez donc à Londres depuis 1687? Comment avez-vous survécu matériellement depuis cette époque?

– Difficilement! J'avais droit à une rente annuelle de 100 livres de la compagnie, mais on lésina sur les versements, ce qui m'obligea à leur intenter un procès qui dura cinq ans. La Cour de la Chancellerie me donna finalement gain de cause en 1697. Entre-temps, j'avais demandé un poste de gardien d'entrepôt, mais on me le refusa.

Après la mort de Margaret Charlotte, j'ai épousé Elizabeth qui m'a donné trois filles qui sont encore bien jeunes. Nous vivons paisiblement en banlieue.

Voilà, mon cher Richard, vous savez tout de moi. J'ai eu une vie qui, par moments, était passionnante mais à d'autres, tout à fait décourageante. Je ne regrette rien de tout ce que j'ai fait. Je crois avoir été honnête tout au long de ma vie, autant quand je travaillais pour les Français que quand je travaillais pour les Anglais. Si j'ai si souvent changé de camp, c'était qu'on m'y forçait d'un côté ou de l'autre.

* * *

Richard ressentit une certaine tristesse en s'apercevant que Radisson venait de terminer son histoire. Leur rendez-vous hebdomadaire avait pris, pour lui, une importance qu'il ne soupçonnait pas. Dorénavant, il devrait s'en passer.

Pour prolonger le plus possible cette dernière rencontre, il décida de raccompagner Radisson jusque chez lui. Les deux compagnons sortirent de la chapelle, traversèrent le pont et poursuivirent leur route en longeant la Tamise. Ils étaient silencieux l'un et l'autre. C'était à peine s'ils faisaient une petite remarque de temps à autre en considérant une barque sur la rivière ou un édifice en construction le long des quais.

Bientôt, ils abandonnèrent la rive pour prendre une rue transversale qui les mena jusque chez Radisson. En arrivant devant la maison, une toute petite fillette en sortit en courant et sauta dans les bras de son père. Le vieil homme, qui aurait pu être son grand-père, l'embrassa tendrement et la déposa par terre. Le moment était venu de quitter son jeune ami.

– Merci de m'avoir raccompagné jusqu'ici, lui dit-il en lui tendant la main. Je vous souhaite un joyeux Noël et une bonne année. Peut-être aurons-nous la chance de nous croiser encore dans Londres. Ça me ferait plaisir de vous revoir. J'ai été très heureux de faire votre connaissance.

Richard serra la main de Radisson et se contenta d'un bref «merci, je ne vous oublierai jamais». Et il fit demi-tour, tandis que le vieil homme entrait chez lui en tenant la main de la fillette.

Il faisait déjà nuit quand Richard atteignit finalement son domicile après deux heures de marche. Tout au long du chemin de retour, des larmes coulaient de ses yeux.

Chapitre 8

Le rendez-vous manqué

Durant tout l'hiver et le printemps, Richard arpenta souvent les rives de la Tamise espérant rencontrer celui qui l'avait tant ébloui par le récit de ses aventures. Jamais il ne le vit. Peut-être avait-il changé de trajet pour ses balades dans Londres. Chaque fois, il rentrait chez lui avec une certaine tristesse, mais il ne désespérait pas.

Un matin de juillet, il décida de marcher jusque chez monsieur Radisson pour prendre de ses nouvelles. Il n'eut aucune difficulté à retrouver la modeste maison qu'il habitait puisque, à deux occasions, il l'y avait raccompagné.

Il s'arrêta au coin de la rue et hésita à aller cogner chez lui. Il patienta un long moment espérant, par chance, le voir sortir. Après cinq longues minutes au moins, il se décida. Il se rendit à la porte et frappa.

Une femme dans la quarantaine vint ouvrir et Richard comprit aussitôt qu'il s'agissait d'Elizabeth, sa femme.

– Bonjour, madame. Je suis bien chez monsieur Radisson?

Elizabeth fut surprise de voir un jeune homme demander son mari, mais elle fit immédiatement le lien dans sa tête.

– Vous êtes Richard! Pierre m'a si souvent parlé de vous. Il aurait tellement aimé vous revoir avant...

Elle fit une pause de quelques secondes.

– Pierre est décédé il y a deux semaines à peine, poursuivit-elle. Il a été malade tout l'hiver et il ne s'en est pas remis.

La nouvelle assomma Richard qui ne put s'empêcher de se tenir au cadrage de la porte pour reprendre ses esprits. Il ne savait que dire. Mais Elizabeth, une femme forte et énergique comme devait l'être Radisson à son âge, sauva la situation. Elle comprit le désespoir du jeune homme.

– Mon mari vous aimait beaucoup, Richard. D'ailleurs... attendez-moi donc une seconde.

Elle laissa Richard dans l'entrée et revint presque aussitôt avec une petite boîte en bois.

– Pierre m'a dit de garder ça pour vous au cas où vous vous présenteriez un jour ou l'autre. Il savait que ce souvenir vous ferait plaisir et qu'il serait entre bonnes mains si je pouvais vous le remettre.

Richard ouvrit délicatement la boîte et y découvrit un vieux couteau de chasse à la lame encore toute étincelante. Elizabeth, qui ne savait pas ce que contenait la boîte, reconnut l'objet.

– Il devait vous aimer beaucoup, Richard. Personne n'avait le droit de toucher à ce couteau qu'il possédait depuis plus de cinquante ans, à ce qu'il disait. Il en prenait soin comme de la prunelle de ses yeux. Oui, vraiment, il devait vous aimer beaucoup... !

Faits marquants

1618

Naissance de Médart Chouart Des Groseilliers à Charly-sur-Marne. Il arrive au Québec à l'adolescence.

1647

Il se marie à Québec et s'installe à Trois-Rivières.

1651

Radisson, à l'âge de quinze ans, arrive en Nouvelle-France. Il est capturé par les Iroquois et torturé. Il vit avec eux durant deux ans.

1653

Des Groseilliers épouse Madeleine, la demi-sœur de Radisson.

1659

Radisson et Des Groseilliers se rendent jusqu'au lac Supérieur et reviennent à Montréal l'année suivante avec une importante cargaison de fourrures que le gouverneur leur confisque.

1662

Les deux hommes vont tenter leur chance auprès des marchands de Boston.

1663

Voyage raté à la baie d'Hudson.

1665

Ils se rendent en Angleterre et rencontrent le roi Charles II.

1668

Départ de Londres pour la baie d'Hudson. Radisson doit revenir. Des Groseilliers s'y rend.

1669

Retour de Des Groseilliers à Londres.

1675

Ils reviennent au service de la Nouvelle-France.

1679

Radisson fait la connaissance de La Chesnaye à Paris.

1682

Radisson et Des Groseilliers se rendent à la baie d'Hudson pour établir un poste près de l'embouchure de la rivière Hayes.

1683

Ils reviennent à Québec.

1684

Radisson passe de nouveau au service de la Hudson's Bay Company.

1684-1687

Radisson fait deux autres voyages à la baie d'Hudson.

1696

Mort de Des Groseilliers à Trois-Rivières.

1710

Mort de Radisson à Londres.

Bibliographie

Dictionnaire biographique du Canada, tomes 1 et 2, Québec, Les Presses de l'Université Laval, 1966 et 1969.

GROULX, Lionel. *Notre Grande Aventure*, Montréal, Fides, 1958.

GROULX, Lionel. *Notre Maître le passé*, tome 3, Montréal, Stanké, 1978.

NEWMAN, Peter C. *La baie d'Hudson, la compagnie des aventuriers*, Montréal, Les Éditions de l'Homme, 1985.

Nos Racines, l'histoire vivante des Québécois, chapitre 11, Montréal, Les Éditions Transmo inc., 1979.

RADISSON, Pierre-Esprit. *Journal de 1682-1683*, Montréal, Stanké, 1979.